When I Am Gloomy
כְּשֶׁאֲנִי עֲצוּבָה

Sam Sagolski
Illustrated by Daria Smyslova

www.kidkiddos.com
Copyright ©2025 by KidKiddos Books Ltd.
support@kidkiddos.com

All rights reserved. No part of this book may be reproduced in any form or by any electronic or mechanical means, including information storage and retrieval systems, without written permission from the publisher, except in the case of a reviewer, who may quote brief passages embodied in critical articles or in a review.
First edition, 2025

Translated from English by Kineret Guetta
מֵאַנְגְּלִית: כִּנֶּרֶת גוּאֵטָה

Library and Archives Canada Cataloguing in Publication
When I Am Gloomy (English Hebrew Bilingual edition)/Shelley Admont
ISBN: 978-1-0497-0629-0 paperback
ISBN: 978-1-0497-0630-6 hardcover
ISBN: 978-1-0497-0631-3 eBook

Please note that the English and Hebrew versions of the story have been written to be as close as possible. However, in some cases they differ in order to accommodate nuances and fluidity of each language.

One cloudy morning, I woke up feeling gloomy.

בְּיוֹם מְעוּנָן אֶחָד, הִתְעוֹרַרְתִּי כְּשֶׁאֲנִי מַרְגִּישָׁה עֲצוּבָה.

I got out of bed, wrapped myself in my favorite blanket, and walked into the living room.

יָצָאתִי מֵהַמִּטָּה, הִתְעַטַּפְתִּי בַּשְּׂמִיכָה הָאֲהוּבָה עָלַי וְיָצָאתִי אֶל הַסָּלוֹן.

"Mommy!" I called. "I'm in a bad mood."

"אִמָּא!" קָרָאתִי. "אֲנִי בְּמַצַּב רוּחַ רַע."

Mom looked up from her book. "Bad? Why do you say that, darling?" she asked.

אִמָּא הֵרִימָה מַבָּט מֵהַסֵּפֶר שֶׁלָּהּ. "רַע? לָמָּה אַתְּ אוֹמֶרֶת אֶת זֶה, חֲמוּדָה?"

"Look at my face!" I said, pointing to my furrowed brows. Mom smiled gently.

"הִסְתַּכְּלִי עַל הַפַּרְצוּף שֶׁלִּי!" אָמַרְתִּי, מַצְבִּיעָה אֶל הַגַּבּוֹת הַזּוֹעֲפוֹת שֶׁלִּי. אִמָּא הֶעֶלְתָה חִיּוּךְ קָטָן.

"I don't have a happy face today," I mumbled. "Do you still love me when I'm gloomy?"

"אֵין לִי פַּרְצוּף שָׂמֵחַ הַיּוֹם," מִלְמַלְתִּי. "הַאִם אַתְּ עֲדַיִן אוֹהֶבֶת אוֹתִי כְּשֶׁאֲנִי עֲצוּבָה?"

"Of course I do," Mom said. "When you're gloomy, I want to be close to you, give you a big hug, and cheer you up."

"כַּמּוּבָן שֶׁכֵּן," אָמְרָה אִמָּא. "כְּשֶׁאַתְּ עֲצוּבָה, אֲנִי רוֹצָה לִהְיוֹת קְרוֹבָה אֵלַיִךְ, לָתֵת לָךְ חִבּוּק גָּדוֹל וּלְעוֹדֵד אוֹתָךְ."

That made me feel a little better, but only for a second, because then I started thinking about all my other moods.

זֶה גָּרַם לִי לְהַרְגִּישׁ קְצָת יוֹתֵר טוֹב, אֲבָל רַק לִשְׁנִיָּה, כִּי אָז הִתְחַלְתִּי לַחֲשֹׁב עַל מַצְבֵי הָרוּחַ הָאֲחֵרִים שֶׁלִּי.

"So... do you still love me when I'm angry?"

"אָז... הַאִם אַתְּ עֲדַיִן אוֹהֶבֶת אוֹתִי כְּשֶׁאֲנִי כּוֹעֶסֶת?"

Mom smiled again. "Of course I do!"

אִמָּא חִיְּכָה שׁוּב. "כַּמּוּבָן שֶׁכֵּן!"

"Are you sure?" I asked, crossing my arms.

"אַתְּ בְּטוּחָה?" שָׁאַלְתִּי תּוֹךְ שֶׁאֲנִי מְשַׁלֶּבֶת אֶת יָדַי.

"Even when you're mad, I'm still your mom. And I love you just the same."

"גַּם כְּשֶׁאַתְּ כּוֹעֶסֶת, אֲנִי עֲדַיִן אִמָּא שֶׁלָּךְ. וַאֲנִי אוֹהֶבֶת אוֹתָךְ בְּדִיּוּק בְּאוֹתָהּ הַמִּידָה."

I took a big breath. "What about when I'm shy?" I whispered.

לָקַחְתִּי נְשִׁימָה עֲמוּקָה. "מָה עִם כְּשֶׁאֲנִי בַּיְשָׁנִית?" לָחַשְׁתִּי.

"I love you when you're shy too," she said. "Remember when you hid behind me and didn't want to talk to the new neighbor?"

"אֲנִי אוֹהֶבֶת אוֹתָךְ גַּם כְּשֶׁאַתְּ בַּיְשָׁנִית," הִיא אָמְרָה. "זוֹכֶרֶת כְּשֶׁהִתְחַבֵּאת מֵאֲחוֹרַי וְלֹא רָצִית לְדַבֵּר עִם הַשָּׁכֵן הֶחָדָשׁ?"

I nodded. I remembered it well.

הִנְהַנְתִּי. זָכַרְתִּי אֶת זֶה הֵיטֵב.

"And then you said hello and made a new friend. I was so proud of you."

”וְאָז אָמַרְתְּ שָׁלוֹם וְקִבַּלְתְּ חָבֵר חָדָשׁ. הָיִיתִי כָּל כָּךְ גֵּאָה בָּךְ.“

"Do you still love me when I ask too many questions?" I continued.

"הַאִם אַתְּ עֲדַיִן אוֹהֶבֶת אוֹתִי כְּשֶׁאֲנִי שׁוֹאֶלֶת יוֹתֵר מִדַּי שְׁאֵלוֹת?" הִמְשַׁכְתִּי.

"When you ask a lot of questions, like now, I get to watch you learn new things that make you smarter and stronger every day," Mom answered. "And yes, I still love you."

"כְּשֶׁאַתְּ שׁוֹאֶלֶת הֲמוֹן שְׁאֵלוֹת, כְּמוֹ עַכְשָׁו, אֲנִי זוֹכָה לִרְאוֹת אוֹתָךְ לוֹמֶדֶת דְּבָרִים חֲדָשִׁים שֶׁעוֹשִׂים אוֹתָךְ חֲכָמָה יוֹתֵר וַחֲזָקָה יוֹתֵר בְּכָל יוֹם," עָנְתָה אִמָּא. "וְכֵן, אֲנִי עֲדַיִן אוֹהֶבֶת אוֹתָךְ."

"What if I don't feel like talking at all?" I continued asking.

"מָה אִם אֲנִי מַרְגִּישָׁה שֶׁלֹּא בָּא לִי לְדַבֵּר בִּכְלָל?" הִמְשַׁכְתִּי לִשְׁאֹל.

"Come here," she said. I climbed into her lap and rested my head on her shoulder.

"בּוֹאִי הֵנָּה," הִיא אָמְרָה. טִפַּסְתִּי אֶל חֵיקָהּ וְהִנַּחְתִּי אֶת הָרֹאשׁ שֶׁלִּי עַל הַכָּתֵף שֶׁלָּהּ.

"When you don't feel like talking and just want to be quiet, you start using your imagination. I love seeing what you create," Mom answered.

"כְּשֶׁאַתְּ מַרְגִּישָׁה שֶׁלֹא בָּא לָךְ לְדַבֵּר וְאַתְּ רַק רוֹצָה קְצָת שֶׁקֶט, אַתְּ מַתְחִילָה לְהִשְׁתַּמֵשׁ בַּדִּמְיוֹן שֶׁלָּךְ. אֲנִי אוֹהֶבֶת לִרְאוֹת מָה שֶׁאַתְּ יוֹצֶרֶת," עָנְתָה אִמָּא.

Then she whispered in my ear, "I love you when you're quiet too."

וְאָז הִיא לָחֲשָׁה בָּאֹזֶן שֶׁלִּי, "אֲנִי אוֹהֶבֶת אוֹתָךְ גַּם כְּשֶׁאַתְּ שְׁקֵטָה."

"But do you still love me when I'm afraid?" I asked.

"אֲבָל הַאִם אַתְּ עֲדַיִן אוֹהֶבֶת אוֹתִי כְּשֶׁאֲנִי מְפַחֶדֶת?" שָׁאַלְתִּי.

"Always," said Mom. "When you're scared, I help you check that there are no monsters under the bed or in the closet."

"תָּמִיד," אָמְרָה אִמָּא. "כְּשֶׁאַתְּ מְפַחֶדֶת, אֲנִי עוֹזֶרֶת לָךְ לִבְדֹּק שֶׁאֵין מִפְלָצוֹת מִתַּחַת לַמִּטָּה אוֹ בְּתוֹךְ הָאָרוֹן."

She kissed me on the forehead. "You are so brave, my sweetheart."

הִיא נָשְׁקָה אוֹתִי עַל הַמֵּצַח. "אַתְּ כָּל כָּךְ אַמִּיצָה, מְתוּקָה שֶׁלִּי."

"And when you're tired," she added softly, "I cover you with your blanket, bring you your teddy bear, and sing you our special song."

"וּכְשֶׁאַתְּ עֲיֵפָה," הִיא הוֹסִיפָה בְּרֹךְ, "אֲנִי מְכַסָּה אוֹתָךְ בַּשְּׂמִיכָה שֶׁלָּךְ, מְבִיאָה לָךְ אֶת הַדֻּבִּי שֶׁלָּךְ, וְשָׁרָה לָךְ אֶת הַשִּׁיר הַמְיֻחָד שֶׁלָּנוּ."

"What if I have too much energy?" I asked, jumping to my feet.

"וּמָה אִם יֵשׁ לִי יוֹתֵר מִדַּי מֶרֶץ?" שָׁאַלְתִּי תּוֹךְ שֶׁאֲנִי קוֹפֶצֶת עַל רַגְלַי.

She laughed. "When you're full of energy, we go biking, skip rope, or run around outside together. I love doing all those things with you!"

הִיא צָחֲקָה. "כְּשֶׁאַתְּ מְלֵאָה בְּמֶרֶץ, אֲנַחְנוּ הוֹלְכוֹת לִרְכֹּב עַל אוֹפַנַּיִם, לִקְפֹּץ בְּחֶבֶל, אוֹ שֶׁאֲנַחְנוּ רָצוֹת סָבִיב בַּחוּץ יַחַד. אֲנִי אוֹהֶבֶת לַעֲשׂוֹת אֶת כָּל הַדְּבָרִים הָאֵלֶּה אִתָּךְ!"

"But do you love me when I don't want to eat broccoli?" I stuck out my tongue.

"אֲבָל הַאִם אַתְּ אוֹהֶבֶת אוֹתִי כְּשֶׁאֲנִי לֹא רוֹצָה לֶאֱכֹל בְּרוֹקוֹלִי?" הוֹצֵאתִי אֶת הַלָּשׁוֹן שֶׁלִּי.

Mom chuckled. "Like that time you slipped your broccoli to Max? He liked it a lot."

אִמָּא צִחְקְקָה. "כְּמוֹ הַפַּעַם הַהִיא שֶׁהִגְנַבְתְּ אֶת הַבְּרוֹקוֹלִי לְמַקְס? הוּא אָהַב אֶת זֶה מְאוֹד."

"You saw that?" I asked.

"רָאִיתָ אֶת זֶה?" שָׁאַלְתִּי.

"Of course I did. And I still love you, even then."

"כַּמוּבָן שֶׁרָאִיתִי. וַאֲנִי עֲדַיִן אָהַבְתִּי אוֹתָךְ, אֲפִלּוּ אָז,"

I thought for a moment, then asked one last question:

חָשַׁבְתִּי לְרֶגַע, וְאָז שָׁאַלְתִּי שְׁאֵלָה אַחַת אַחֲרוֹנָה:

"Mommy, if you love me when I'm gloomy or mad… do you still love me when I'm happy?"

"אִמָּא, אִם אַתְּ אוֹהֶבֶת אוֹתִי כְּשֶׁאֲנִי עֲצוּבָה אוֹ כּוֹעֶסֶת... הַאִם אַתְּ עֲדַיִן אוֹהֶבֶת אוֹתִי כְּשֶׁאֲנִי שְׂמֵחָה?"

"Oh, sweetheart," she said, hugging me again, "when you're happy, I'm happy too."

"הוֹ, מְתוּקָה," הִיא אָמְרָה, וְחִבְּקָה אוֹתִי שׁוּב, "כְּשֶׁאַתְּ שְׂמֵחָה, גַּם אֲנִי שְׂמֵחָה."

She kissed me on the forehead and added, "I love you when you're happy just as much as I love you when you're sad, or mad, or shy, or tired."

הִיא נָשְׁקָה אוֹתִי עַל הַמֵּצַח וְהוֹסִיפָה, "אֲנִי אוֹהֶבֶת אוֹתָךְ כְּשֶׁאַתְּ שְׂמֵחָה בְּדִיּוּק כְּמוֹ שֶׁאֲנִי אוֹהֶבֶת אוֹתָךְ כְּשֶׁאַתְּ עֲצוּבָה, אוֹ כּוֹעֶסֶת, אוֹ בַּיְשָׁנִית, אוֹ עֲיֵפָה."

I snuggled close and smiled. "So… you love me all the time?" I asked.

הִתְכַּרְבַּלְתִּי בִּזְרוֹעוֹתֶיהָ וְחִיַּכְתִּי. "אָז... אַתְּ אוֹהֶבֶת אוֹתִי כָּל הַזְּמַן?" שָׁאַלְתִּי.

"All the time," she said. "Every mood, every day, I love you always."

"כָּל הַזְּמַן," הִיא אָמְרָה. "בְּכָל מַצַּב רוּחַ, בְּכָל יוֹם, אֲנִי אוֹהֶבֶת אוֹתָךְ תָּמִיד."

As she spoke, I started feeling something warm in my heart.

כְּשֶׁהִיא דִּבְּרָה, הִתְחַלְתִּי לְהַרְגִּישׁ מַשֶּׁהוּ חַמִּים בַּלֵּב שֶׁלִּי.

I looked outside and saw the clouds floating away. The sky was turning blue, and the sun came out.

הִסְתַּכַּלְתִּי הַחוּצָה וְרָאִיתִי אֶת הָעֲנָנִים מִתְפַּזְּרִים. הַשָּׁמַיִם הָפְכוּ כְּחֻלִּים וְהַשֶּׁמֶשׁ יָצְאָה.

It looked like it was going to be a beautiful day after all.

נִרְאֶה הָיָה שֶׁזֶּה הוֹלֵךְ לִהְיוֹת יוֹם יָפֶה לַמְרוֹת הַכֹּל.

www.ingramcontent.com/pod-product-compliance
Lightning Source LLC
LaVergne TN
LVHW072009060526
838200LV00010B/306